U0598152

文化十大名片

林 雄 主编

黄埔 军校

陈予欢 著

SPM
南方出版传媒

全国优秀出版社　全国百佳图书出版单位

广东教育出版社·广州

图书在版编目（CIP）数据

黄埔军校／陈予欢著． —广州：广东教育出版社，
2010.12（2020.3重印）
（岭南文化十大名片／林雄主编）
ISBN 978-7-5406-8070-1

Ⅰ.①黄…　Ⅱ.①陈…　Ⅲ.①黄埔军校—简介
Ⅳ.①E296.3

中国版本图书馆CIP数据核字（2010）第237693号

责任编辑：唐娓娓　林玉洁
责任技编：姚健燕
装帧设计：书窗设计工作室
　　　　　赵焜森 \ 钟　清

黄埔军校
HUANGPU JUNXIAO

广 东 教 育 出 版 社 出 版 发 行
（广州市环市东路472号12-15楼）
邮政编码：510075
网址：http://www.gjs.cn
广东新华发行集团股份有限公司经销
佛山市华禹彩印有限公司印刷
（佛山市南海区罗村联和工业区西二区三路1号）
890毫米×1240毫米　32开本　4.75印张　97 000字
2010年12月第1版　　2020年3月第4次印刷
ISBN 978-7-5406-8070-1
定价：39.00元
质量监督电话：020-87613102　　邮箱：gjs-quality@nfcb.com.cn
购书咨询电话：020-87615809

序

林雄

　　文化之根基，在于脚下沃土；文化之硕果，在于阳光雨露。两千多年岭南文化，枝繁叶茂至于今，不外得益于两点：根深与吸收。

　　珠江流域位于五岭之南，但它与黄河流域、长江流域一样，同为中华文明发祥地。岭南一带依山傍海，河涌交错，古百越先民生于斯长于斯，从早期的渔猎文明、农耕文明，到后来的商贸文明，依水而生，因水而兴，无不烙上深深的本土印记，彰显岭南水文化旺盛之生命力。"一方水土养一方人"，粤菜、广东凉茶、骑楼等，得天独厚，彰显岭南人生活中特有之文化风韵。

　　百越之地与中原虽关山阻隔，但自秦以降，岭南文化与中原文化之交流，便从未间断。特别是唐梅关古道凿通之后，来自中原的文化养分，更是源源不断地输入岭南，与岭南文化融合发展，成为岭南本土文化重要的组成部分。如发源于本土之粤剧，其唱腔在发展过程中，便吸纳了弋阳腔、昆腔、秦腔、汉剧等外来剧种的精华，博采各家所长，自成一格。而韩愈贬潮、东坡谪惠，这些文人之难，却是岭南之福，他们推动了岭南文化与中原主流文化的融合，也让南北文化相得益彰。

岭南文化之开放与包容，不仅表现在对待同族同根之中原文化上，更表现在对舶来文化之高调"拿来"。自秦汉开通海上丝绸之路以来，岭南作为始发地及通商大港，千百年来独居中外文化交流之最佳平台。清政府对海关是开了又闭、闭了又开，反复无常，但广州却一直对外开放，即便是闭关政策最严之道光十一年（1831年），广州街道上洋商依旧熙熙攘攘。经济往来必定挟带文化交流，文化舶来品纷纷从岭南登陆引进，被岭南文化融合吸收之后，再影响全国。广式骑楼、开平碉楼，便是中西建筑艺术之完美结晶。惠能刳立了南禅，其《六祖坛经》被誉为中国人的佛经，推进了佛教的中国化、民族化和世俗化。

　　广东毗邻港澳，历来是对外开放的窗口，近现代百年来成为时代的风向标，引领时代潮流，成为最重要的革命策源地。近代中国民主运动风起云涌，岭南人中之翘楚如康梁（康有为、梁启超）、孙中山等，执改良与革命之牛耳。这都得益于岭南人对世界先进文化快人一步之认同。20世纪七八十年代，广东又一次领潮争先，成为改革开放先行地，不但创造了一系列经济奇迹，而且孕育了改革开放的时代文化精神。广交会成为海上丝路的新的里程碑，既是中国对外开放的见证，又是商都文化的一个新标志。

　　历史进入了21世纪，文化在综合竞争力中的地位和作用越来越突出，已经成为民族凝聚力和创造力的源泉。广东省委十届七次全会，吹响了建设文化强省的号角，提高文化的创新力、辐射力、影响力和形象力，成为摆在我们面前的一项任务，评选"岭南文化十大名片"，正是提升广东文化形象之举。在这一重要历史契机下，整理、挖掘、打造岭南文化名片，就显得尤为紧迫。打造具有岭南特色的文化名片，是增强文化凝聚力的需要，是提升文化影响力的需要，是塑造文化形象力的需要，对于提升广东的文化自信和文化自觉、推动经济社会又好又快发展具有重要意义。

　　文化名片，是代表一个地方最具特色度、知名度和美誉度的整体形象、领域形象、特色形象的标志。岭南文化名片所标示的文化形成，是千百年来人们集体智慧的结晶，是广东人民最深层次的精神追求和文化现象，更承载着广东文化的灵魂。"岭南文化十大名片"正是岭南文化精华的浓缩，彰显了岭南文化的独特魅力。经过广大网民、市民和专家历时10个月的票选，终于决出了代表岭南

文化的十大名片——粤菜、粤剧、广东音乐、骑楼、黄埔军校、端砚、开平碉楼、广交会、孙中山、六祖惠能；同时评出了十大提名名片——陈家祠、南越国遗址、南海1号、岭南画派、石湾陶瓷、潮州工夫茶、客家围龙屋、广东凉茶、粤绣、康梁。这些都从不同侧面展示了岭南文化的源远流长和博大精深。是岭南文化的金字招牌，表现出了旺盛的文化张力，不仅将告诉世人广东厚实的文化家底和滋长的文化软实力，而且将烛照广东文化发展的未来。《岭南文化十大名片》丛书的出版，也适逢其时地为宣扬广东的文化影响力提供了良好的载体。

春风润南粤，文化展新姿。在文化强省建设的浩荡春风中，在盛世倡文兴化的时代大背景下，"岭南文化十大名片"的诞生，将进一步激发社会各界对文化建设工作的参与热情，不断掀起关注岭南文化的传承、发展、成长的社会热潮。

是为序。

陆軍軍官學校

黄埔军校

● 入选理由

黄埔军校是一九二四年孙中山先生在中国共产党和苏联的积极支持和帮助下创办的，是第一次国共合作的产物。广大黄埔师生在反帝反封建、争取国家统一与民族独立的斗争中立下了赫赫战功，为中国革命做出了重大贡献。直到今天，黄埔军校仍然是联结海峡两岸的精神纽带之一。

目 录
CONTENTS

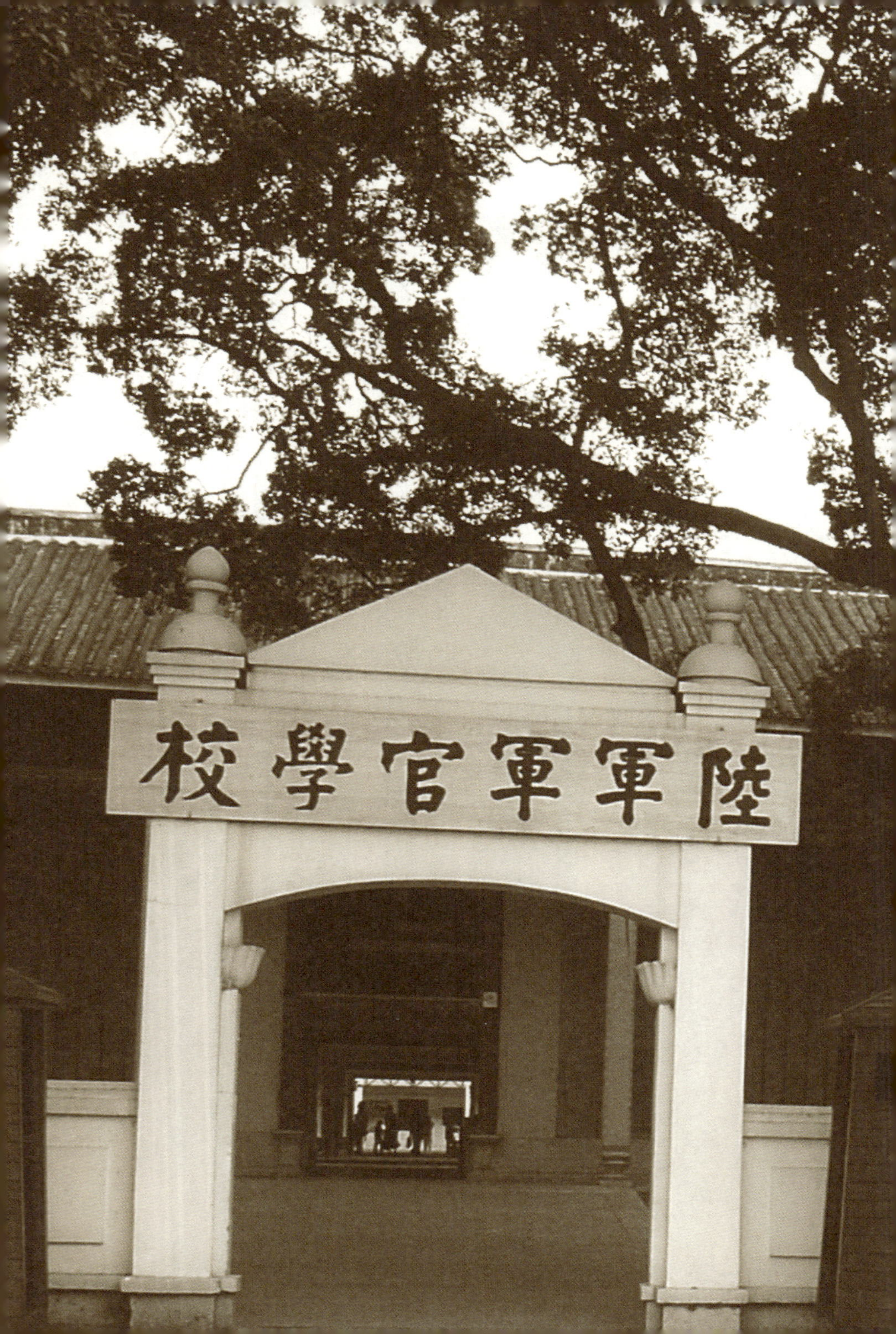
校學官軍軍陸

黄埔军校的
缘起与兴盛

　　1924年，黄埔军校正式开学。那是一个天翻地覆的大时代，"到黄埔去！"成了一句在全国热血青年中流行的口号。

黄埔军校始建于1924年5月，是孙中山创办的一所具有革命意义的军事学校。军校最初的正式名称为"陆军军官学校"，以"黄埔军校"闻名于世。黄埔军校所在地为广州黄埔区长洲岛，全岛有8平方公里，四面环水，位当要冲，是广州城市东南方门户，近代以来黄埔岛（长洲岛）就是军事与武学之地。

1923年8月16日，孙中山派出以蒋介石为团长的"孙逸仙代表团"，从上海前往莫斯

·孙中山步出黄埔军校

科访问。蒋介石负担起考察苏联军事组织方面情况的重任，他拜会了苏联革命军事委员会副主席和红军总司令、参谋长，一起商讨在中国建立军事学校的计划；还参观了步兵团、步兵学校、军用化学学校、高级射击学校和海军基地。

蒋介石还在苏联访问期间，孙中山便在11月26日的国民党中执会第十次会议上，提出要成立国民革命军军官学校的设想，拟任命蒋介石为校长，廖仲恺为政治部主任。

以孙中山为总理的中国国民党，打算以黄埔军校为契机，开创现代中国的政党与军事的首次结合，也就是说，政党依仗政治强

·孙中山主持黄埔军校开学典礼

势力量，为推行政党的政治路线、政治制度，缔造和组建武装力量甚至国家意义之军队，实现政党既定的治理国家之最终目标。

黄埔军校的创建，预示了现代中国政党组织及其成员将进入军校、军队乃至军事领域。所有这一切的政治变革，反映了西方资本主义国家的政党模式，参与甚或主导国家军政事务之理念的开端。具有现代意义的政党或政治势力集团，第一次以社会"进步力量"的姿态，开始影响、作用和主导国家政体的走向与趋势。

中国国民党与中国共产党，在1920年代同时崛起，成为影响并左右现代中国政治方向的两个最重要的现代政党。它们就是从黄埔军校开启了军事与政治的合作。

经过几个月的酝酿，1924年1月24日，孙中山正式任命蒋介石为黄埔军校筹备委员会委员长，1924年2月1日任命王柏龄、李济深、沈应时、林振雄、俞飞鹏、宋荣昌、张家瑞为筹备委员会委员，即在省城南堤二号设立筹备处。2月6日筹备委员会正式成立，分设教

· 创办黄埔军校时的蒋介石

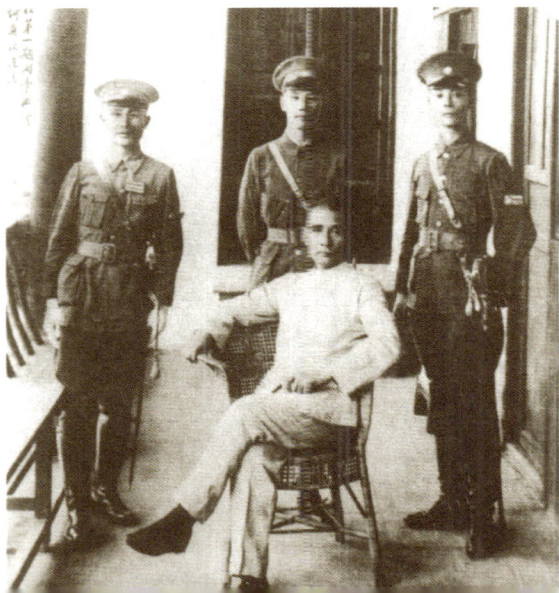

· 孙中山在黄埔军校

·开学典礼后阅兵

授、教练、管理、军需、军医五部，推定王柏龄、李济深（由邓演达代理）、林振雄、俞飞鹏、宋荣昌为临时主任，分部办公。

黄埔军校筹备委员会随后颁令：本校既以造就革命军干部为目的，故教练部极注意官长人选，以作学生模范。凡各方举荐人员，先令填具履历，再经详细考察，然后任用。分队长、副分队长则就广东省警卫军讲武堂暨西江讲武堂毕业生中挑选。3月24日考试下级干部。蒋介石对于下级干部复试时施以训话，奖励其来校为党牺牲之决心，说明本校教职员须明了党纪、军纪及自己之地位与责任。

·校旗

　　黄埔军校由孙中山任总理，廖仲恺任中国国民党党代表，蒋介石任校长。军校初创时设立校本部六部，分别为政治、教授、训练、管理、军需和军医部。军事总教官为何应钦；政治部主任先后为戴季陶、邵元冲、周恩来；教授部主任为王柏龄；教练部主任为李济深；军需部主任为周骏彦；管理部主任为林振雄；军医部主任为宋日昌。

　　1924年3月开始招生，1924年3月27日举行第一期新生入学考试，4月28日放榜，录取学生编成四个队。6月16日举行第一期开学典礼。

　　6月16日上午8时，孙中山、宋庆龄夫妇，

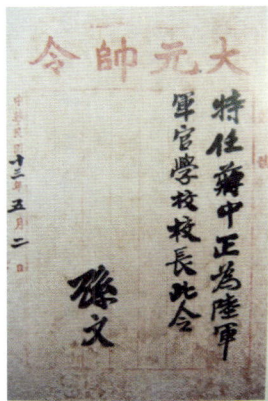

乘坐大本营电船"大南洋号"，由广州河南的士敏土厂（大元帅府），到达黄埔军校，参加开学典礼。学生到者499人，广东大学师生一百多人也到场观礼。

上午11时，典礼开始。先请党旗、校旗就位，再请孙中山以兼校总理主持。奏国乐之后，全体学生高唱陆军学校校歌：

莘莘学生，亲爱精诚，三民主义，是我革命先声。

黄埔军官学校训词

三民主义　吾党所宗
以建民国　以进大同
咨尔多士　为民前锋
夙夜匪懈　主义是从
矢勤矢勇　必信必忠
一心一德　贯彻始终

中华民国十三年六月十六日
孙文

革命英雄，国民先锋，再接再厉，继续
先烈成功。

同学同道，乐遵教导，终始生死，毋忘
今日本校。

以血洒花，以校作家，卧薪尝胆，努力
建设中华。

然后全体人员一起唱《国民革命歌》。
孙中山命胡汉民宣读他亲自为黄埔军校撰写
的训词：

三民主义，吾党所宗，以建民国，以进

· 孙中山在广州
北校场阅兵

大同。

咨尔多士，为民先锋，夙夜匪懈，主义
是从！

矢勤矢勇，必信必忠，一心一德，贯彻
始终！

国民党中央执行委员会的祝词是：

三民五权，革命宗旨。谁欤实行，责在
同志。民国肇造，倏逾周纪。纷乱相寻，吾
党所耻。誓竭血诚，与民更始。尽涤瑕秽，

实现民治。军校权舆，国命所系。觥觥诸君，忠义勇起。勤于所事，以继先烈，以式多士。披坚执锐，日进无已。谨贡清言，愿同生死。

当日炎阳高照，溽暑难熬，孙中山即命蒋介石将会场移到阴凉之处。然后，他登台作《革命军的基础在高深的学问》演说。仪式中，孙中山亲手将校印授予蒋介石。下午举行阅兵式，全体学生及教职官兵皆列队受检，至下午5时礼成。孙中山即席挥毫，为军校题词："亲爱精诚"。

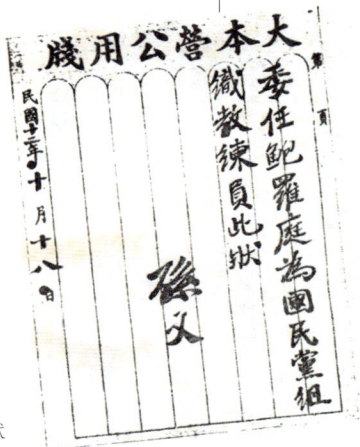

· 孙中山聘请鲍罗廷的委任状

那是一个天翻地覆的大革命时代，许多年轻人在军国民思想的熏陶下，坚信军队是国家的神明，振兴民族的希望，只有枪杆子能够救中国，因此纷纷投笔从戎。千百年来"好铁不打钉，好男不当兵"的观念，被完全颠覆，"到黄埔去！"成了一句在全国热血青年中流行的口号。

1924年8月14日军校举行第二期新生入学考试。11月19日，湘军讲武堂学生158人并入该校，编为第六队。1925年9月6日毕业，计

· 孙中山与宋庆龄

· 孙中山在广州

449人。

1925年7月1日第三期开学，共分九个队与一个骑兵队，不分科目。1926年1月17日毕业，计1233人。

1926年3月8日第四期开学，分步兵科、炮兵科、工兵科、经理科、政治科，共5个科。10月4日毕业，计2645人。

1926年4月第五期开学，所分科目同第四期。1927年7月20日转至南京学习，8月15日毕业，计1480人。

第六期分为广州黄埔和南京两地学习。

黄埔军校创办初期，因为武器奇缺，大部分学员都是手无寸铁，用木棍操练。后来，由苏联提供了人员、经费和军械的支持。安·巴甫洛夫于1924年4月就任广州大元帅府及黄埔军校军事总顾问，不久由加伦继任军事总顾问，先后有数十名苏联顾问派往黄埔军校任军事、政治教官；1924年10月苏联提供的首批军援八千支步枪，其后又运来五批军械装备。

· 孙中山阅兵

　　1926年1月广州国民政府军事委员会决定将国民革命军各军所办军事学校并入黄埔军校，将陆军军官学校改称中央军事政治学校，直隶国民政府军事委员会，由原来的军事学校，扩大为军事与政治并重的军官学校。1926年3月1日中央军事政治学校举行成立典礼，蒋介石续任校长，汪精卫任党代表，李济深任副校长。

　　黄埔军校在规模与设置得到不断扩充完善的同时，1925年12月设立中央军事政治学校

· 校长蒋介石

· 党代表廖仲恺

潮州分校，其后伴随两广统一和北伐战争的推进，相继设立了南宁、长沙、武汉分校。在此期间，由于国共合作的推动，黄埔军校在军事与政治并重的办学方面卓有成效，培养了大批军事、政治人才。特别是"黄埔一期"，以近半数学生成长为将领名人，为后人称颂为"优质办学"的典范。前六期学生中也涌现许多著名军政人才，对后来的国家军政起到了重要的作用和影响。

黄埔军校在1924年6月至1927年4月的兴起与发展，堪称国共两党第一次合作的开端及里程碑。它为长期封闭的现代中国军事教育领域，注入了先进的革命的军事学术思想和军事技术知识。

黄埔军校前六期生当中，许多在国共两党的军队中担当重任，成为独当一面的将帅英才，不少还在军政机构参与战略与策划，不同程度地影响着军队建设乃至战争进程，在国家军事历史上发挥过极其重要的作用。

·孙中山与军校师生在一起

处于国民革命时期的黄埔军校，推行政治教育与军事训练并重的教育方针，在军队中建立党组织和政治工作制度，这些后来都在中国共产党领导的人民军队得到继承和发扬，成为发展和壮大的有力法宝。

中华民族14年抗日战争时期，赋予了黄埔军校师生新的历史使命和民族重托。据资料统计显示：黄埔军校本部第九至十一期学员毕业从军之际，正值抗日战争爆发前后，计有3500名毕业学员派赴抗日前线作战部队担任初级军官，在战争初期作战时牺牲巨大，约有50%的学员在抗日作战中殉国。

抗日战争时期的黄埔军校，是基层作战部队初级指挥及参谋人员的培养与输送基地。黄埔学生遍布许多作战部队，在其间发挥了中坚与主导作用，直至持续到抗日战争最后胜利，其历史与进步作用应当给予肯定。

黄埔军校从1924—1949年，一共举办了23期，仅以广州、南京、成都校本部计算，培养学生53 591名，其中抗日战争爆发前毕业学员有25 383名。因此可以推断，绝大多数黄埔军校学生经历了中华民族14年抗日战争战火的考验，他们用生命和鲜血谱写了抗日战争的英雄诗篇，为了民族生存和国家兴亡所作出的巨大牺牲和突出贡献，应当得到历史和后世的认可。

　　在中华民族生死攸关的14年抗日战争中，相当数量的黄埔军校各期生统率国家军队精锐之师，始终战斗在抗日战场第一线并取得显著战果，这个历史功绩和作用应当得到承认。海峡两岸的黄埔军校历届师生，始终坚持"一个中国"并为之进行长期不懈的努力，始终站在中华民族统一复兴和引领历史潮头和大势的立场上，始终认定黄埔军校是海峡两岸同属一个中国的现代诠释，这一历史认知是黄埔军校广大学员及其后人的可贵之处。

革命大本营的
"保护神"

孙中山相信，有了黄埔军校的革命学生，就一定可以继承他的未竟之志，完成他为之奋斗四十余年的事业。

黄埔军校的广州时期（1924—1927），由中国国民党选拔及使用的教官职员，后来有一大批中国共产党人参与其中，这对于黄埔军校乃至国民革命的蓬勃发展，起到了不容忽视的作用和影响。

早年的孙中山受到西方资产阶级民主政治的影响，开始引领中国政党参与国家的政治规划，包括政治设计和政治制度的比较与选择。孙中山在1914年改组成立了中华革命党，1920年代初演进为中国资产阶级民主政

·政治部办公室

党——中国国民党。由比可以推测，从现代中国开始，政党才与军事甚或军队发生了关联。

1924年1月，中国国民党一大在广州召开，标志着作为中国资产阶级民主政党的中国国民党，进入到一个新的历史时期。

创办黄埔军校，首要问题是解决办学师资。期间广州地区周边与省内各地，驻扎有许多受孙中山指令和广州革命政府领导的各省驻粤军队，如建国湘军、建国赣军、建国滇军、建国豫军，以及建国粤军等部，还有后来叛乱的滇军杨希闵部和桂军刘震寰部。这些以革命名义汇集广东的各路军队，许多下级军官是响应革命而来的。因此，在黄埔军校招考下级干部的公告发布后，其中不少人陆续被征召入校，担任校本部各类教职官佐。

·1924年孙中山在广州

校总理孙中山常到军校视察和演讲，有时太晚了便在军校过夜，翌晨才返回广州。这是他办公和小憩的地方，卧室在黄埔海关分关办公楼2楼。

孙中山告诉教官们："做革命军的学问，不是专从学问中求出来的，是从立志中发扬出来的。从前的革命党，都没有受过很多的军事教育，诸君现在这个学校之内，至少还有六个月的训练；从前的革命党，只有手枪，诸君现在都有很好的长枪；从前革命党发难，集合在一处地方的，最多不过是两三百人，现在这个学校已经有了五百人。以诸君（教员）有这样好的根本，如果是真有革命志气，只用这五百人和五百支枪，便可做一件很大的革命事业。"

孙中山从认识武装力量对政党有着至关重要作用后，就十分重视黄埔军校的创立和发展，从他1924年6月16日参加黄埔军校正式开学典礼，到1924年11月13日北上之前，前后共五次亲临黄埔军校视察，每次演讲都对黄埔军校师生殷切寄语，谆谆教诲，拳拳之心，可昭日月。

1924年冬，孙中山扶病北上，准备与北洋政府举行国是会议。11月13日，孙中山的座舰经过黄埔岛时，最后巡视了一遍黄埔军校。刚好第一、二期学生在对岸渔珠炮台进行战术演习，并做筑城工事。孙中山在蒋介石的陪同下，亲自校阅，校阅完毕以后，孙中山对黄埔学生赞勉备至。

孙中山对蒋介石说："我这次到北京，明知道是很危险的，然而我为的去革命，是

·教官办公室

· 孙中山与宋庆龄

为救国救民去奋斗，有何危险之可否呢？
况今，我年已59岁了，亦已经到了死的时
候了。"

当时蒋介石感到非常错愕，因为孙中山
平时性格开朗豁达，很少作这类伤感之语，
蒋介石问："先生今日何突作此言？"

孙中山说："我是有所感而言的。我看
见你这个黄埔军校精神，一定能继续我的革
命事业。现在我死了，就可以安心瞑目了！
如果前二三年，我就死不得。现在有这些学

·黄埔军校驻省办事处、中国青年军人联合会、黄埔军校同学会旧址

生，一定可以继承我未竟之志，能够奋斗下去的。"

3月12日，孙中山在北京溘然长逝。3月22日，蒋介石率黄埔学生暨东征军全体将士，在兴宁战地遥祭孙中山，为期七天。

1925年10月6日，在"广东统一万岁！""祝革命军旗开得胜！"的口号声中，蒋介石率黄埔校军再度出师东征。经过残酷的战斗，终于攻克惠州，取得东征胜利。在祝捷会上，蒋介石说："孙总理一生的遗恨，被

我们东征军洗刷了不少。我们革命军是为革命而死，为党而死，为主义而死，不但本身光荣，连大家都是光荣的。"

蒋介石向广州中央党部、国民政府报捷："惠州夙称天险，有宋以来，从未能破；今为我革命军一鼓攻克，虽由将士奋勇用命，亦我先大元帅在天之灵，有以佑

之。"每个士兵犒赏银洋一元，猪肉四两，全体官兵狂欢庆祝。

正当东征军在惠州浴血苦战之际，留守广州的杨希闵滇军、刘震寰桂军，却趁后防空虚，发动叛乱。1925年6月，东征的黄埔校军回师广州，参加了平叛之役。6月12日，气势如虹的黄埔校军教导团，配合粤军第一旅、警卫军，从东面合力进攻沙河。攻克沙河后，兵分三路追击，教导团在左路，战况

· 参加六二三游
行的黄埔军校学员

最为激烈。教导团杀入广州市区后，占领观音山，把滇军赶出市区，其后，黄埔学生又协助警察维持治安，搜捕散兵游勇，保住了广州这个革命的大本营。

1925年6月23日，广东各界群众十余万人在东较场举行援沪案示威大会。午后游行，队伍到达沙面租界对岸的沙基时，租界的帝国主义军队开枪扫射群众，军舰开炮助威，酿成死52人、重伤170多人、轻伤无数的惨

案。当时参加游行的黄埔军校官兵，虽未受命还击，但他们也不肯轻易撤退，在掩护民众撤离后，宁愿全体坐在马路边，挺起胸膛迎接帝国主义的子弹，也不愿轻离沙基而使黄埔校军的光荣名字蒙羞。结果有13名黄埔师生在惨案中死亡，最高官阶为营长。

1926年1月，政府将沙基改筑成马路，定

·参加游行的黄埔军校学员队伍

名为六二三路,以作永久纪念。在"沙基惨案烈士纪念碑"上,刻有四个大字:"毋忘此日"。

重建黄埔军校校本部记

1924年6月,孙中山先生在中国共产党和苏联帮助下于黄埔长洲岛创办的陆军军官学校,是培育革命军的新型军事政治学校,曾数度易名,通称黄埔军校。其在中国近代史和军事史上有重要地位,国务院于1988年公布军校旧址为全国重点文物保护单位。

校本部建筑原是清末陆军小学堂,筹办军校时略加修葺,并在门前增建欧陆式大门,上悬校名。其四进三路回廊相通的两层楼房,为军校各部办公授课和师生活动的主要场所,1938年被日机炸毁。

近年,海内外人士热切呼吁修复军校旧址。在纪念孙中山先生诞辰130周年之际,广州市长洲文化旅游风景区开发建设领导小组于1996年5月决定并领导重建校本部。广州市文化局根据国家文物局批复的"原位原尺度原面貌"重建原则,组织调查,勘据原基址,制定重建方案,由广州市黄埔建筑设计院设计,黄埔区建筑工程总公司承建,广州近代史博物馆复原室内陈设,6月16日奠基,8月4日动工,建筑面积10600平方米,耗资二千余万元,由省市政府拨款和社会人士捐助。重建工程得各方支持,终于在11月12日落成。以仰先驱,教育后人,是为记。

广州市人民政府立
一九九六年十一月十二日

黄埔军校的"脊梁"

黄埔军校的教职员官佐队伍相当强盛，集合了国共两党的精英，他们是黄埔军校的"脊梁"，也成了国民革命的"脊梁"。

黄埔校军之所以能在东征，平定杨、刘之役中，打出黄埔的威风，有赖于孙中山化为黄埔军校灵魂的"办校治军思想"，培养出一大批杰出的领导人才，这些主导和掌握黄埔军校的"教职员官佐（以下统称教官）群体"，是黄埔军校的"脊梁"。

　　黄埔军校校本部从1924年6月正式成立至1949年10月迁移台湾，在大陆总共经历了23期共25年时光，随着军事与战局的发展，从黄埔军校本身还繁衍发展出九所分校以及十数所专科兵种军事学校。

　　教官们不仅驾驭和主导军校，还带领学生开创和扩展了一支执政党赖以生存的军队——国民革命军，他们也是中国国民党

在大陆赖以创建、统领和驾驭国民革命军的"脊梁",其作用和影响非常巨大。这个"脊梁",对于中国共产党和人民军队来讲同样重要,因为经历黄埔军校陶冶的教官们,对于后来中国共产党领导的工农武装斗争,也起到了开天辟地的影响和作用。

在国民革命军中的"黄埔系",有"黄埔师系"和"黄埔生系"之分,前者由在黄埔军校效力的教官、队官以及校军中的一部分军官构成;后者则由黄埔军校历届毕业生,特别是前六期毕业生构成。

黄埔军校教官的出身、教育、背景有这样一些特点:

一是在军事学科和术科方面的教官比

例，保定陆军军官学校生明显高于其他军校，陆军大学生充任教官的数量与比例次之，日本陆军士官学校生再次之，留学外国的陆军大学生、云南讲武堂生、东北讲武堂生以及留学外国军事专科学校生，则处于第三群体。

二是黄埔军校出身的教官，以85.06%占据绝对优势。黄埔军校通过历年自身培养的学生，成长壮大为教官群体的主体部分，源自决策当局的重视和培养，是加速军队乃至军校"黄埔化"的结果，也是民国历史发展的必然趋势；国内其他军事学校生，许多学员

的第一军校学历仍是黄埔军校，而且这类学校不少后来成为黄埔军校派生的专科军事学校。占据半壁山河的其他军事学校，包括清末民国初期创始于各地或由各省军阀创办的武备学堂、讲武堂、将弁学堂等等。

三是民国时期科技与教育的发展，军事教育逐渐融入了现代科学技术与自然科学常识。黄埔军校从南京时期起，设立了包含上述内容的普通学科以及外国语训练。与此同时，一大批留学国外著名高等院校生，回国担任黄埔军校自然科学学科教官；国内高等院校生及专科院校生，也大批进入黄埔军校

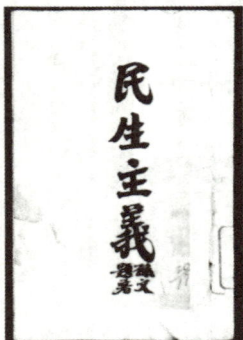

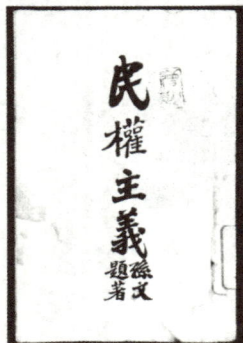

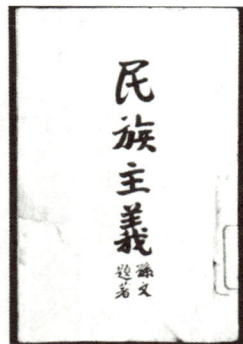

· 军校的课本

任教官，其中不少人还担任门类繁多的政治教官；担任教官的另一群体，是黄埔军校自身培训的高等教育班生，这部分人主要由服务于各地方军阀部队，具有实战经验和军事术科的职业军人组成，进入黄埔军校短期学习训练后留任教官。一时间形成精英荟萃、群星熠熠的盛况。

在广州黄埔军校时期和武汉分校成立半年多的时间里，以中共党员为主体的政治教官群体，一段时期几乎把持了军校的政治主导方向。这种情形说明，以周恩来为首的军校政治教官队伍，开创了军校政治工作的新局面，周恩来更是从进入黄埔军校任职的第一天起，就十分重视军校政治工作，充分发挥了政治教官对军校的政治导向作用，并且将中国共产党的政治主张与策略，贯穿于军校与政治相关的所有工作中去。

周恩来等一批中国共产党人在军校乃至国民革命军中的政治工作，是卓有成效并具有强大政治震撼力的，为中国共产党后来掌握并控制武装力量，以及红军、八路军、新四军、解放军的政治工作，提供了理论与实践的成功经验，这些对于处于建党初期的中

· 军校内的楹联

国共产党人来说是至关重要的。

广州黄埔军校时期，以中共为主并有部分民主人士参与的政治教官队伍，在当时是较为庞大和强势的教官群体。它集中了中国共产党当时最为优秀的政治和社会活动家和军队领导者，例如：政治部主任周恩来、教授部副主任叶剑英，由当时报载为政治教官的毛泽东。毛泽东在第一次国共合作时期，曾在上海主持黄埔军校第一期学员招生考试事宜。以及李富春、董必武、陈毅、聂荣臻等一批后来成为党和国家、军队领导人的政

· 政治部主任周恩来

治教官。

　　军事与军事教育都是战争现象之反映，军事教育则是军事活动的组成部分，是军队建设的中心任务，是战争准备的重要内容，是执行国家意志、建设国防和赢得战争而采取的基本政策。军事教育将军事与政治教育作为教育的主体，包括培养军人和军官群体掌握作战技术的训练养成教育，掌握军事政治、科学技术、文化体育、作风训练等方面内容，上述凡此种种，都须经教官组织实施。

·教授部副主任
叶剑英

黄埔军校从1924年6月成立开始，一直是中国国民党施行军事教育的规模最大和主要军校之一。随着军事与战局的发展，军事教育和军事训练的内容不断扩展和深化，形成了一整套军事教育与训练制度。

上述目标的实施，直接表现在军校的各类教官设置和教学科目，随着军校发展扩张而形式丰富多样。特别是在军校迁移南京后十年和抗日战争爆发后，军校教育更在军事教育现代化的推动下，为适应和应对战争，为抗日战争培养军官，教官在教学内容和形式上不断扩充，教官的种类和名称也五花八门、名目繁多。据初步统计：军事学科和术科教官有45种，普通学科（自然科学）各科教官有48种。特别是普通学科教官，为军校教育注入了现代科技进步的信息，普通学科作为自然科学及科学技术范畴，丰富了民国时期军事教育内容。

孙中山创办黄埔军校的宗旨和目标，就

是按照苏联式样建立"革命军"和培养军事骨干，建立一支真正意义的国民革命军队，来拯救中华民族与国家的危亡。根据这一办学宗旨和目标，黄埔军校采取了与旧式军校根本不同的组织制度和教育训练方法，显示出新型军事学校的鲜明特点：一是实行党代表制度；二是建立政治工作制度；三是坚持军事和政治训练并重、学校教育与社会实践紧密结合的办学方针。以苏联人为代表的顾问、教官群体，确实为大革命时期的国共两党，培养了众多有主义信仰、有先进军事知识、有实战能力的革命军骨干。

从现存资料记载，外国人在军校任教官的为数不多，据不完全统计约47名。北伐国

·长洲岛码头

· 总顾问鲍罗廷

民革命时期，孙中山师法苏俄模式、以政党
主旨倡导组建革命军的理论和实践，也是政
党军队一体化的最初尝试。这时期主要是苏
联教官，当时驻广州的苏联顾问加伦指出：
"经我们提议，并由我们出钱（出武器），
于1924年初在黄埔创办了一所下级军官学校。
学校从创办至教学，始终有俄国教官直接
参加。"

可见，苏联顾问在大革命时期对广州黄

埔军校的创建与发展，对中国国民党大力发展军事力量，起过重要的作用。已知曾任军校顾问教官的有14名，其口最为著名的是总顾问鲍罗廷、军事顾问加伦。另外，在国民革命军各总部和军、师中担任顾问的还有近百名苏联军官和文职人员。

与此同时，还有一大批韩国、朝鲜学生进入黄埔军校学习，但是作为军官担任黄埔军校教官的，只有13名韩国人和朝鲜人，其中最著名的是崔庸健和李范奭。从1930年夏起，已经迁移南京的中央陆军军官学校，主要聘请了一批德国军官，担任各个军事学科顾问，这时期计有12名德国顾问，此外广东军事政治学校聘任有2名德国顾问，合计有14名。越南人进入黄埔军校担任教官的，现存资料记载不多，最著名的是曾任越南人民军总司令的武元甲大将。

课室

"贪生畏死莫入斯门"

　　黄埔军校门口有一副对联："升官发财请走他路，贪生畏死莫入斯门"。国共两党都把最优秀的子弟送到这个革命摇篮中。

· 教练部副主任邓演达和苏联顾问在武昌

昔日黄埔军校门口有一副著名对联："升官发财请走他路，贪生畏死莫入斯门"，横批"革命者来"。吸引了全国无数热血青年投奔广东、投奔黄埔而来。

孙中山关于创办黄埔军校暨第一期生的阐述："革命军是救国救民的军人，诸君都是将来革命军的骨干，都担负得救国救民的责任，便要从今天起，先在学问上加倍去奋斗；将来毕业之后，组织革命军……所以要诸君不怕死，步革命先烈的后尘，更要用这五百人做基础，造成我理想上的革命军。有了这种理想上的革命军，我们的革命便可以大功告成，中国便可以挽救，四万万人便不致灭亡。所以革命事业，就是救国救民。我一生革命，便是担负这种责任。诸君都到这个学校内来求学，我要求诸君，便从今天起，共同担负这种责任。"

广东是孙中山进行辛亥革命和国民革命运动的中心和策源地，孙中山及其革命党人在广东有着深厚的政治基础和社会影响，早期执政于广东的中国国民党，更是以广东为

·会议室

· 宿舍

根据地，造成了"革命大势"。

近百年来古今中外军事教育史，没有一所初级军官学校的学员招生，会惊动并引起政党、军界乃至政治家、军队将领、社会各界名流的共同关注，亲自履行推荐介绍入学和参与招生职责，黄埔军校可算是第一例。

1924年1月20日，中国国民党第一次全国代表大会在广州召开，孙中山致开会辞时明确提出："我们现在得了广州一片干净土，集合各省同志，聚会一堂，是一个很难得的机会……革命军起，革命党成。""惟当时各省多在军阀铁蹄之下，不易公开招生，故预先委托本党第一次全国代表大会代表回籍后代为招生。"

　　据此，中国国民党第一次全国代表大会代表，以及各中央执行委员、监察委员们，骤然担负起为黄埔军校推荐与招收学员之重要使命。虽然，我们今天无从获知：当年推荐或介绍学生入学，究竟履行怎样手续或签署填写了哪些文件，也就是说，他们究竟有多大的能量或作用，影响并左右青年学子决定千里迢迢奔赴广州报考黄埔军校。但是，中国国民党一大代表及其早期领导人，确实在当时的特殊历史条件下，起到过重要的作用与影响。

·孙中山在检阅军校学生

中国国民党一大代表和第一届中央执行委员会组成人员的大多数人，奉命返回本省的中国国民党地方领导人，在其活动的区域内，开展了秘密或半秘密状态的黄埔军校学员招生和推荐报考事宜，在这种情形下，形成了黄埔军校的生源是来自全国各地四面八方的效应。

于是，被推荐报考黄埔军校的青年，在此前后也相继办理了加入中国国民党的必要手续，尽管此时的中国国民党地方组织尚未建立完善，人员尚未充实，但是，1920年代初期的中国社会与老百姓当中，中国国民党的知名度和影响力连同号召力，确实比组建之初和萌芽状态的中国共产党要超前许多，这是一个必须面对的历史事实。在国共合作的特殊历史情况下，一些中国共产党的早期领导人成为第一期生填报加入中国国民党的介绍人，从另一侧面反映了当时的某些历史特征。

·饭堂

　　从第一期生填写的"详细调查表"关于
"介绍人栏"具体内容分析，中国国民党一
大代表总计有197名，其中有76名参与介绍学
员入学，占代表总数之38.6%；中国国民党
一大产生的中央执行委员、候补执行委员、
中央监察委员、候补监察委员共计51名， 其
中有26名参与介绍学员入学，占所有委员之
51%。两项数据指标均超过了三分之一或一
半。可见，中国国民党一大代表和两个中央
机构组成成员中，参与推荐和介绍之比例是

相当高的。

　　辛亥革命资深元老于右任，以其德高望重、慈祥宽厚的人望，获得第一期生的广泛拥戴，入学推荐"介绍人栏"竟有76名学员填写了于右任，占学员总数10.8%；中国国民党湖南元老级资深人物谭延闿，填写他为介绍人的17名第一期生均系湖南省籍，乡情亲缘和地域观念此时发生了明显功效；中国国民党一大代表、北京大学教授谭熙鸿居于第三位，计有12人填写其为介绍人，谭熙鸿当年在北京是威望较高、享有盛誉的著名教授，受

·校舍

到年轻一代的第一期生的敬重和推崇，因此他作为介绍人是当之无愧的。

综观上述，至少可以看到以下几方面突出特点：

一是当时所有最著名的中国国民党早期领导人，都直接参与了第一期学员的举荐和介绍事宜。

二是国民党各地知名组织者或领导人，对招收原籍学员入学同样起到重要的作用。

三是一批具有国民革命思想的高级将领，推荐所属部队初级军官转入黄埔军校学习，这也起到积极推进的作用。

四是部分中国国民党一大代表，虽然没有直接介绍学员入学，但对军校招生和建设诸方面，起到了重大作用与影响。例如：程潜是孙中山指派国民党一大湖南省代表，当时任广州大本营军政部部长，在湖南军政界、学界有着广泛影响，其主持开办的大本营军政部陆军讲武学校以及第一期学员，被

·总教官何应钦

编为第六队后，确认为第一期生资格，这批学员后来成为第一期生中最有影响和重要的组成部分。

中国共产党早期的著名领导人，许多都参与了黄埔军校第一期生入学推荐与招生事宜。从归纳情况显示，参与推荐第一期生入学以及招生事宜的中国共产党早期领导人及民主人士有41人，被推荐介绍入学的第一期生累计有123人次，占第一期学员总数的17%左右。这就最为充分、直接和真实地反映出黄埔军校系国共两党共同创建这一历史事实。如果将众多在现代中国叱咤风云的历史人物活动，统一定格在1924年上半年广州（广东）这一特定历史环境之中，在今天看来仍旧是震撼中国、影响深远的一代中华民族精英群体之伟大壮举。

　　自1923年起，由中国共产党直接领导下的高等学校——上海大学，承担了上海周边邻近各省第一期生报名、投考、复试和招生事宜。该校是1922年10月22日由私立东南高等师

· 宿舍

范专科学校扩大成立的，1923年初起名义上由于右任兼任校长，实际上是中共秘密党员邵力子任代理校长并主持校务。1923年4月邓中夏任校务长，实际主持校务工作，总务长为杨明斋，教务长为瞿秋白，一批中国共产党担任该校教员。

上海大学在1924年前后实际是中国共产党培养干部储备人才的重要阵地。正因为该校在当时的影响力和进步作用，辛亥革命先驱

于右任，凭借这块"金字招牌"和"红色阵地"，成为声誉和威望最为广泛、推荐学员最多的国民党早期著名领寻人。

根据史料显示，毛泽东同志当年也在上海大学负责黄埔军校第一期生复试工作，并且有6名湖南省籍第一期生，填写毛泽东为入学介绍人，说明毛泽东当年在北京学习的进步学生和湖南省籍革命青年当中，享有较高威信和名声。蒋先云和赵枬是由毛泽东介绍

加入中国共产党的，李汉藩、伍文生、张际春青年时代追求真理和参加革命，也是由毛泽东做他们的启蒙教师和革命引路人。

第一期生自填的入学介绍人，无论是以哪种思维方式进行填写，都是以对介绍人的慕名与崇敬心态填报的，同时也反映出推荐入学的介绍人在当时社会之知名度、影响力和威望。例如：中国共产党早期卓越领导人李大钊，作为中国共产党和中国国民党北方

· 黄埔军校现在成为爱国主义教育基地

区主要负责人之一，受到曾在北京学习和活动的第一期生的敬重和推戴，共有13名填写李大钊为入学介绍人；当年粤军著名将领，中国人民解放军创建人、领导人和军事家叶剑英，也成为5名广东省籍客家青年填写的入学介绍人。

此外，还有一大批中国共产党早期地方领导人以及进步民主人士，均在其开展革命活动和享有声望的区域，对所在地进步青年和学生产生了不可低估的感召和影响作用，因此纷纷成为所在地第一期生填写入学介绍人的最佳人选，并在"详细调查表"中留下了永久闪耀的记录，也为中国共产党在黄埔军校发展史上留下了永不褪色的珍贵史实。

将星熠熠出黄埔

　　黄埔军校为中国革命训练与培养了第一代军事领导人才，中华人民共和国成立之初，在解放军的将帅中，有53人出自黄埔。

作为黄埔军校"脊梁"的教官群体，在军校发展的第一时期就成为执政党、国家和军队的领导集团，并且继续发挥"教官群体"培植与繁衍的效应，显然是与它所具有的领导者素质分不开的。

黄埔军校教官群体，一部分是由当时中国几所著名军校培养出来的表现最突出的群体组成，还有一部分是由留学外国高等院校和军事专科学校的"海归派"组成。就是这一特殊群体，为中国国民党培植了源源不断的军官人才，同时在民国军事教育史上留下了浓重的痕迹。

孙中山创办黄埔军校的初衷，就是为了建立一支"革命党领导的革命军"。史实已充分证明，中国国民党在现代中国取得执政地位，国民革命军的组建、发展与扩张，均离不开黄埔军校教官群体的参与和奋斗。在黄埔军校教官群体中，以总理孙中山及党代表廖仲恺为首，集聚了北伐国民革命时期乃至国民党执政时期最主要的政治家、理论家及社会活动家。他们当中有：胡汉民、汪精卫、戴季陶、邵元冲、吴稚晖、谭延闿、陈立夫、甘乃光、陶希圣、刘健群等。国民党赖以生存的军队——国民革命军的发展与扩张，更是在黄埔军校教官群体的谋划与指挥下实现的。

在国民革命军高级将领群体的核心层中，据统计，绝大多数出自黄埔军校。在校长蒋介石最倚重的所谓"八大金刚"——

何应钦、陈诚、刘峙、顾祝同、钱大钧、陈继承、蒋鼎文、张治中，无一例外系黄埔军校教官出身，而且除张治中属第三期入黄埔军校任教官外，其余七人均为第一期教官出身。国民革命军创建雏形是黄埔军校教导一团，作为"八大金刚"也无一例外都曾在教导团任职，并于1927年第一期北伐完成时，"八大金刚"中除陈诚稍后些外，另七人都做到了军长以上高级将领。及至十年内战、抗日战争时期，除陈继承还留任中央陆军军官学校教育长外，其余七人均成为军政统治核心层首脑及战区司令长官、封疆大吏。因此，由黄埔军校教官群体形成的核心统率层，实际也是国民党及国民革命军的最高决策集团。

从1935年4月起，南京国民政府军事委员会以中央政府最高军事机关名义，正式将国民革命军各级军官军衔任命权纳入中央统辖的任免程序。根据《国民政府公报》记载，在1935年4月至1949年9月期间，总计任命有少将以上将官4461名。其中上将（包括特级上将、一级上将、二级上将及上将、加上将衔）有133名。

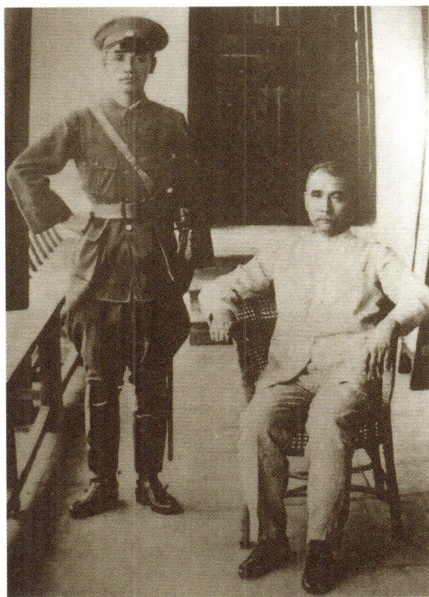

·孙中山与蒋介石

　　在黄埔军校教官（校务委员）群体中，任上将的有44名，占获任上将总数33.1%。其中任特级上将1名：蒋介石；任一级上将有11名：何应钦、陈诚、冯玉祥、阎锡山、唐生智、张学良、李宗仁、白崇禧、朱培德、刘湘、陈济棠等；任二级上将有12名：邓锡侯、龙云、刘峙、何键、余汉谋、张治中、徐永昌、顾祝同、商震、程潜、蒋鼎文、薛岳等；任上将及上将衔有18名：方策、卢汉、刘兴、刘戡、刘士毅、刘建绪、汤恩伯、李品

仙、李济深、陈铭枢、俞飞鹏、胡宗南、唐淮源、夏威、钱大钧、黄绍竑、黄慕松、廖磊等；任中将的有166名。

黄埔军校教官出身的将领群体，在军政界始终占有重要分量。在当时非黄埔出身的军官，能进入黄埔军校任职任教，与黄埔军校前六期毕业生，同样具有"黄袍加身"效应，无不视作晋升资历的捷径。无论他是正儿八经"黄埔嫡系"中央军序列，还是被蒋介石出于某种考虑或谋划，任命为"中央陆军军官学校校务委员"，或是偶然机遇获任黄埔军校分校其他头衔者，无一例外都被打上了"黄埔"印记。

黄埔军校在大革命时期是一所以培养军事、政治人才，建立革命军队为宗旨的军事政治学校，从1924年起至1949年的25年中，黄埔军校又是具备培养国民革命军（包括中央嫡系、半嫡系和地方军系）初级军官和加速地方军队中央化两大功能的国民党独家军事学校。

在军事活动中，往往直接将少数统帅、将领等代表人物推到前台，让他们名声显赫，打上深深的历史印记。每个国家或执政党的军队，都需要有自己的统帅、将领。如果没有这样的统帅和将领，它就要创造出这

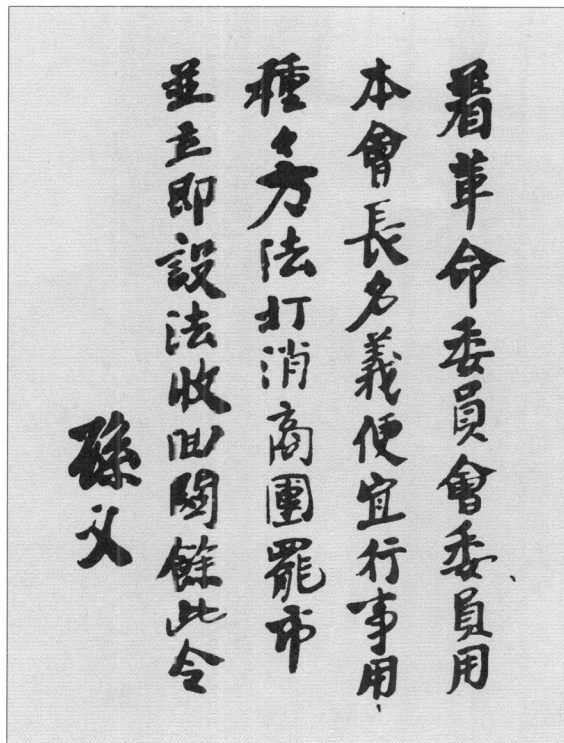

些"引领历史潮头"的统帅和将领，这是被验证的历史必然现象。伟大的革命斗争和战争总会造就伟大的军事人物，顺应历史潮流的执政党或政府也可取得阶段性的成果。

黄埔军校在1920年代中后期这段历史转折关头，对国民党及其军队——国民革命军起到了至关重要的作用。同样，对于同时发展壮大的中国共产党而言，黄埔军校也训练与培养了第一代军事领导人才。毛泽东同志曾指出："第一次大革命时有一个黄埔，它

·黄埔军校第一期优等毕业生

的学生成为当时革命的领导力量。"从古今中外的军事历史加以考察,从来没有一所军事学校,对先后执政的匪共两党的发展与成长,产生过至关重要的历史作用,对于中国国民党和国民革命军尤为甚之。

综观黄埔军校教官史迹,在第一时期北伐国民革命大势下,国共双方都选拔优秀的教官任教,而且双方的显要人物都成为国共两党和军队的主要领导者。因此可以证实,国共双方派出的重要成员所组成的黄埔军校教学阵容是出色的,在当时无疑是历史与社会的进步。

校训

亲爱精诚

蒋中正

虽然在各自阵营里难免鱼目混珠掺入渣滓,但总体上看,军校教学阵容仍不失为顺应时代进步潮流、军事与政治结合、文武俱优的教学领导班子,因此才能名声显赫、影响久远、举世瞩目,至今仍被称誉为世界著名军校。这也是国共两党实行合作的结果。

黄埔军校在以后的三个时期,主要是奉

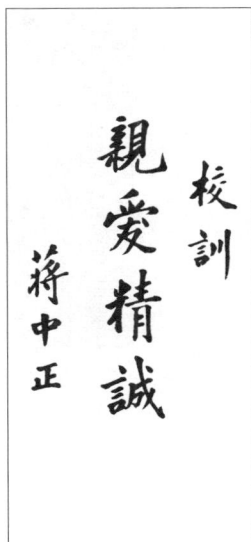

行国民党一党专制政策，军校发展成为巩固政权、强化军队的军事教育和训练基地。在抗日战争爆发后，黄埔军校为前线作战部队培训、输送和补充初级军官，为抗日战争正面战场提供了源源不断的生力军。从这个意义上讲，黄埔军校有其进步和应予肯定的一面。

黄埔军校作为现代中国著名的陆军军官学校，为中国现代军事历史培养了一大批优秀军政人才。黄埔军校也是中国共产党人从事革命武装斗争的开始，在中国共产党领导的工农红军、八路军、新四军以及人民解放军的军事将领中，担任正军职以上职务的黄埔师生就超过40人。

那么，当时在黄埔军校内，究竟有多少中共党员呢？黄埔军校的中共党组织，在校内是不公开的，除个别领导干部（如黄埔军校政治部主任熊雄等）公开身份外，绝大多

· 教官办公室

中華千城

数中共党员身份是秘密的。

根据《毛泽东年谱》记载：中山舰事件时"黄埔有五百余党员"。截至1927年春以前，在黄埔军校前六期学习或工作过的中共党员有千人左右。因此，在中共党史乃至中国人民解放军历史上，黄埔军校是具有重要的历史地位的。

黄埔同学会最早成立于1926年，凡属黄埔

· 军校第三期骑兵队官长及学生全体

军校学生，均为当然会员 由同学会负责登记考核之责。凡毕业同学的任免和升迁调补等等，均须根据同学会的登记考核来决定。当时的中共党员蒋先云说："同学会是要团结精神、统一意志，要把黄埔造成革命力量的中心。我们要把同学会由黄埔扩充到全国，成为革命的中心力量。'

1941年10月4日，在共产党领导下的延安也成立了黄埔同学会分会，这是中国共产党为促进团结抗战事业而建立的组织。成立大

· 聂荣臻　　　　　　· 罗瑞卿　　　　　　· 徐向前

会召开时，在延安的第一期生徐向前与黄埔师生百余人出席会议。大会主席团主席徐向前在开幕式中指出："黄埔有革命的光荣历史与优良传统，为发扬黄埔传统精神，而更加推动革命工作，成立同学会极为必要。"延安黄埔同学会分会在致蒋介石校长电文中称："学生等为了团结抗战……一致通过加强黄埔同学的团结，促进全国抗战，努力研究军事学术。"

大会选举产生了15名理事：徐向前、萧

· 陈赓　　　　　　　· 陈毅

克、林彪、左权、陈赓、罗瑞卿、陈宏谟、
郭化若、陶铸、许光达、陈伯钧、宋时轮、
吕文远、曾希圣、吴奚如。徐向前当选为延
安黄埔同学会分会主席。

　　中华人民共和国成立后，当年的黄埔同
学担任中央人民政府部长、副部长以及地方
党政要职的多达数百人以上。在中华人民共
和国开国将帅中，更有许多黄埔军校师生身
影。究竟中国人民解放军有多少开国将帅是
出自黄埔军校，较为普遍的说法是53人：

元帅5人：林彪、陈毅、徐向前、聂荣臻、叶剑英。

大将3人：陈赓、罗瑞卿、许光达。

上将10人：萧克、周士第、陈明仁、陈奇涵、张宗逊、杨至诚、宋时轮、陈伯钧、郭天民、陈士榘。

中将12人：阎揆要、彭明治、常乾坤、唐天际、曾泽生、倪志亮、郭化若、莫文骅、谭希林、王诤、何德全、韩练成。

少将23人：袁也烈、曹广化、李逸民、方之中、洪水、廖运周、张开荆、周文在、高存信、戴正华、魏镇、张希钦、陈锐霆、王启明、王兴纲、陶汉章、张学思、白天、徐介藩、王作尧、吴克之、朱家璧、黎原。

担任党和国家（地方）重要领导职务的有：李富春、郭沫若、沈雁冰、蔡畅、许德珩、王昆仑、季方、成仿吾、阳翰笙、雷经天、程子华、袁仲贤、陶铸、吴溉之、曾希圣、张如屏、王世英、蔡树彬、周仲英、刘型、陈漫远、潘朔端、章夷白等。

　　曾担任过军校教官（讲师）的还有：张崧年、包惠僧、陈启修、陈其瑗、萧楚女、张秋人、于树德、安体诚、李合林、廖划平、高语罕、施复亮、李达、钟复光、章伯钧、郭冠杰等。

在战争中成长起来

　　黄埔军校前六期生还未走出校门，即面临着政治、战争的考验与抉择，这成了他们的一种成长机遇，也是成长的必由之路。

从黄埔军校的历史，我们可以看出一些规律性和倾向性的端倪：

　　一是政治倾向方面，历史上的军事教育机构，似乎从未表现出比较明显的政治方面原因的倾向，到了辛亥革命以后，随着西方民主政治观念的传入，才开始有了滋生政党的土壤。真正具有组织、目标现代意义以及政治路线的政党诞生，大致是以孙中山组建中华革命党为开端，到了改组后的中国国民党，政党与执政的结合才表现出明显的政治倾向现实性和功利性。

　　中国国民党和中国共产党是中国现代社

会几乎同时崛起的两大政党，然而在1920年代初期，中国国民党因为有了民主革命先驱者孙中山，在第一期生推荐和招生方面之政治倾向，起着主导作用和影响的因素还是来自于中国国民党。

二是地域乡情方面，在过去旧中国，凡是涉及社会基础和人文变迁的事情，都会与此发生关联。在封闭而禁锢的封建社会形态中，倚仗本地宗族亲缘、朋党亲友、地域乡情滋生的地方势力，以及逐渐扩张和膨胀的宗族势力集团，影响和渗透着社会组织的方方面面，特别是在军阀、集团、派系、会党甚至政党结成的年代，地域乡情更是无孔不入地深入侵蚀社会生活的各个角落。第一期生的举荐、介绍和招生，同样贯穿着这张有形无形之网络，几乎可以肯定，所有学员的推荐、介绍、投考和入学的缘由均与此有关。

三是部属延揽方面，有相当一部分第一

期生，具有学前社会经历和任职，这种服务社会和任职经历，使得他们有机会与社会流行或时髦的事务发生联系，特别是他们曾经服役和任职的驻粤外省军队，由于长官的引荐和提携，一部分第一期生是通过部属延揽途径进入黄埔军校学习的。

四是师生举荐方面，第一期生有相当部分人的文化教育程度较高，经历过各个阶段学历或专科教育的学员也不在少数，当年各地从事文化教育事业的教授、学者和社会名

·校舍

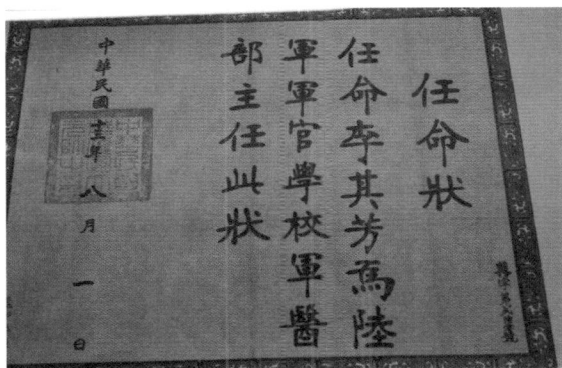

流，实际也是当时国民革命运动的开拓者、先驱者或引领人，这种师生关系或者文化教育层面的求学关系，也使得第一期生进入黄埔军校的机遇相当高。因此，通过师生或求学关系入学者也不在少数。

黄埔军校从第一期生举荐与招生开始，其后五期的招生事宜，亦大致循序进行。

从历史现象进行考察，黄埔军校前六期生还未走出校门，即面临着政治、战争的考验和抉择，而政治、战争同时又成为前六期生的一种成长机遇，也是成长的必由之路。

在那个充满着历史变革和政治抉择的年

代里，无论是中国国民党前六期生，抑或中国共产党前六期生都是概莫能外。当成长的磨砺过程遇上战争的机遇和运气时，历史终于造就了黄埔军校前六期生将帅群体、英雄群体、"名人部落"或是"大浪淘沙"中的"优胜劣汰"。

黄埔军校第一期生对教导团、党军组建与发展的作用和影响巨大。

按照传统的说法，以黄埔军校第一期学生为下级军官骨干组建的教导团（第一团和第二团），是中国国民党党军之前身，是国民革命军第一军的骨干和基础，同时也是所谓"中央军"或"黄埔嫡系"中央武装部队的沿革或延伸。"黄埔校军"，更是中国国民党在1920年代中期至1940年代末期冠以"国家名义"任意扩张和发展的武装力量的代名词。

《中央陆军军官学校史稿》载有："教导两团之二级官长均系第一期毕业学生，中

级官长多由本校军官教官及第一期学生队原
有官长任之。"黄埔军校教导第一团和第二
团的初级军官，几乎清一色是第一期生。在
171人的任职任教名单中，共有三分之一的第
一期生，先后在两个教导团履任初级军官，
说明第一期生构成了黄埔军校教导一、二团
的主干力量，而教导团被称为中国国民党
"党军"之发源与开端，如蒋介石于1925年3
月27日在兴宁县城东门外对教导团所称："我
们黄埔军官学校教导团，是将来中国革命军

主干的军队。"由此而来，第一期生也就成了"党军"第一批初级指挥官。

据不完全统计，第一期生中的大部分学员，在北伐国民革命时期先后置身于由"党军"膨胀和扩张起来的国民革命军第一军，由该军扩充或统辖的第一师、第二师、第三师、第十师、第十四师、第二十师、第二十一师、第二十二师中初、中级军官行列中，均有第一期生之身影在其间。

从1920年代中后期的北伐战争史情况看，第一期生最初的机遇与成长，是在1926年至

1928年期间第一次和第二次北伐战争经历中获得的。这一时期第一期生所面对的战争考验或战场磨砺，主要是在与北方军事集团武装力量的战争中获得的。

可以说，这段时期是第一期生必然经受并必须挺住的"战争冗遏期"，无论历史如何评说第一期生之整体表现或功过，他们从此在国民革命军中崛起和壮大，并打下了牢固基础，因此毋庸置疑，国民革命军主力是由黄埔军校第一期生为发端的，第一期生之历史作用与深远影响亦在其中。

棉湖大捷，
一战成名

东征，是黄埔校军打的第一场真正的战争，他们以三千兵力击败敌人两万精锐之师，打出了"黄埔精神"的威风。

1925年2月，何应钦率领黄埔军校教导第一团（初级指挥员绝大多数为黄埔军校第一期生），参加第一次东征作战。

2月15日，何应钦亲自指挥教导第一团参加对淡水城的主攻，在粤军第二师（师长张民达，参谋长叶剑英）及教导第二团（团长王柏龄）协同配合下，攻克城高墙厚的淡水城，俘敌700多人，缴获步枪590余支，机关枪5挺，子弹数万发。黄埔学生军获得参战第一仗的胜利，这是一场硬仗，因此对于黄埔学生军意义非凡。

1925年3月，广州国民政府由许崇智任

总司令，廖仲恺为党代表，蒋介石任前线总指挥，组织发起对陈炯明部粤军的第一次东征讨伐作战。东征军右路参战部队主要有：由黄埔学生军组成的教导第一团、第二团，粤军第二师、粤军独立第七旅（旅长许济，该旅欠一团兵力）等部。黄埔军校教导第一团是该役攻坚主力军，何应钦任团长的教导第一团其时满员为1900余名官兵。

1925年3月12日，何应钦率教导第一团进驻在广东省揭阳（揭西）县与普宁县交界的棉湖地区。3月13日，陈炯明部粤军第一军黄任寰、王定华等部已先到棉湖西面和顺一带，占据有利地形，且兵力强于东征军十倍以上。其时，东征军以黄埔军校教

· 孙总理纪念碑

导团第一团（何应钦）正面攻打大功山林虎部；第二团（钱大钧）由梅塘攻打鲤湖刘志陆部；粤军第七旅由塔头绕攻和顺右侧，形成先扫除外围小股敌人，后三面包围的态势。

3月13日清晨，教导一团在新塘村与敌遭遇，展开激战，而正面敌军多其近十倍。何应钦指挥全团三个营的兵力投入战斗，命令第一营为前锋，向敌正面进攻，第三营向敌

左侧背攻击，第二营为预备队殿后。敌军借人多势众，将第一营包围，何应钦亲临指挥第一营官兵沉着应战，以至用刺刀肉搏，但因寡不敌众，伤亡颇多，何应钦急令预备队第二营拼死向敌冲锋，并命令以陈诚为连长的炮兵连向敌阵开炮，终将敌暂时击退。

上午，敌军又纠集兵力围攻教导团，一度进攻到何应钦所在的团指挥部仅两百多米处，形势十分危急。何应钦即指挥留守团部的特务连奋勇反击，战斗相持一晌。午后，负责左侧攻敌的第三营被敌包围，何应钦一面即令学兵连增援，集合团部所有工作员，包括警卫、勤务兵、伙夫都投入战斗；一面设起空城计，命令士兵在阵地周围插遍东征军的旗帜，迷惑敌军，又命炮兵将剩余的炮弹猛烈射击。

战斗持续到傍晚，所幸担负抗击鲤湖之敌的教导第二团赶来和顺增援，直接攻击敌军司令部，敌军受前后夹击，大败而走。这

一仗，黄埔军校校军伤亡超过二分之一，如何应钦所率第一团第三营党代表三名连长二死一伤，排长九人中七死一伤，385名士兵仅余111人。

该役由教导第一团、第二团以三千多兵力击溃陈炯明部粤军两万精锐部队，堪称军事史上以少胜多的典范战例。此次战役在我国军事史上称"棉湖战役"，是第一次东征中最激烈的一次战役。蒋介石在战斗危急关头曾对何应钦说："必须想办法挽回局势，我们不能后退一步，假如今天在此地失败了，我们就一切都完了，再无希望返回广州了，革命事业也得遭到严重的挫折。"

棉湖战役指挥官何应钦称："此次战斗，为时虽不过一日，但战斗之惨烈，实近代各国战争所少见，其关系革命成败亦最巨。"战后次日总结会上，亲临棉湖战役的苏军首席顾问加伦将军指出："昨天棉湖战役的成绩，不独在中国所少见，即在欧洲世

界大战争中亦不能看到，由此可以告诉我们
同志，中国革命可以成功，一定可估胜利，
因为教导第一团能如此奋斗。这次的胜利，
不能不说是官长的指挥适当，这样好的军
队，这样好的官长，将来革命可以成功，我
代表俄国同志致一番庆祝的敬意。敬祝何团
长万岁!"

　　接着，蒋介石向校军官兵训话："刚才
加伦将军的训诫，对于第一团评说是如此奋
勇的军队在世界上是很少的，我们教导第一
团能够得如此的褒奖，本校长亦与有荣。我
们教导团自从黄埔出发，到了今天已经打了
很多仗，只有进没有退的，在外国人的评价

中，不独俄国同志如此，就是反对我们的帝国主义如英美日法新闻亦称我们勇敢，真不愧为革命军。"

此役主要指挥官何应钦也因棉湖大捷一战成名，是其毕生得意乐道的胜仗。此后每年3月13日棉湖大捷纪念日，他都出面邀集参加此的黄埔学生餐聚庆贺，此举一直沿袭至其晚年，几十年从无间断。

1975年春，台湾的黄埔将帅发起棉湖大捷五十周年纪念活动，还专门编辑和印刷了

《棉湖大捷五十周年纪念特刊》，顾祝同题词："棉湖战役王十周年纪念——有武昌之役（辛亥革命武昌起义）而后有中华民国之诞生，有棉湖之役而后有国民革命之发扬"，钱大钧题词：棉湖大捷是"成功基础"，由此可见棉湖战役对国民革命乃至中国国民党生死存亡的重要意义，在台湾与旅居海外的部分黄埔军校第一期生纷纷撰文、题词、作诗，纪念这个对于中国国民党和国民革命军不平凡的日子。

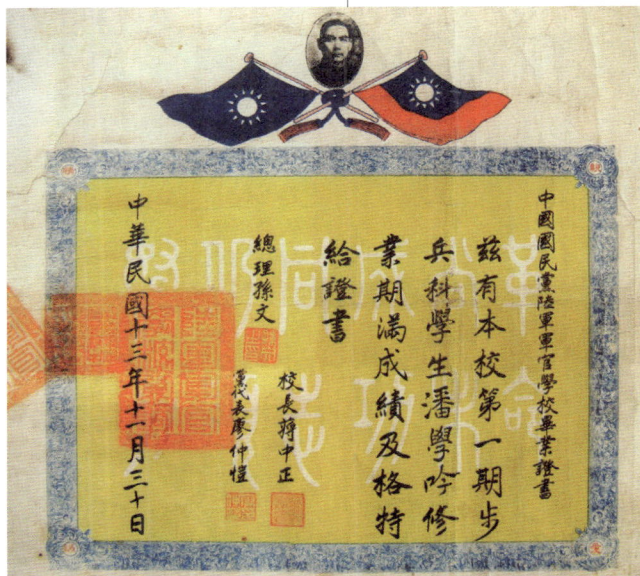

政治部

政治部

Political Department

负责政治教育训练，设指导、编纂、秘书股，后改为总务、宣传、党务科。戴季陶、邵元冲、周恩来、熊雄等先后担任主任。1925年4月周恩来任政治部主任兼军法处长。

The Political Department was in charge of political education and training. This department comprised of the Instruction, Compilation, and Secretary Sections, which later on were changed to the General Affairs, Propagation, and Party Affairs Sections. Dai Jitao, Shao Yuanchong, Zhou Enlai and Xiong Xiong served as the Director of this department in different periods. Zhou Enlai served as Director of the Political Department and Director of Military Law Section in April, 1925.

饮马长江,
直捣黄龙

黄埔学生高唱着校歌:"怒潮澎湃,党旗飞舞,这是革命的黄埔!"投身到北伐战争中去,为理想浴血奋战。

　　为了实现孙中山的遗愿，统一中国，1926年7月9日，国民革命军在广州东较场举行北伐誓师大会，参加大会的有党、政、军要人和工、农、商、学、兵各界群众五万余人，国民党中央执行委员会和国民政府委员何香凝、林祖涵、吴稚晖、张静江、甘乃光、邓颖超、杨匏安、彭泽民、许苏魂、陈公博、谭延闿、孙科、宋子文、邓泽如、陈友仁、古应芬、陈树人等出席了大会。

　　国民政府代理主席谭延闿、国民党中央监察委员吴稚晖分别向蒋介石授印、授旗，

蒋介石宣誓就职。宣誓毕并致答词，并举行
阅兵式。阅兵式由李济深任总指挥。蒋介石
发表《北伐宣言》，蒋介石以国民革命军总
司令名义，宣告北伐战争正式开始。国共两
党共同进行的北伐战争，由此揭开序幕。

　　同一天，黄埔军校第四期也在东较场举
行毕业典礼。刘志丹、伍中豪、赵尚志、谢
晋元、林彪、唐生明、张灵甫、胡琏等两
千六百多名学员手捧誓词，庄严宣誓："不
爱钱，不偷生。统一意志，亲爱精诚，遵守
遗嘱，立定脚跟。为主义而奋斗；为主义而

·黄埔校军训练地

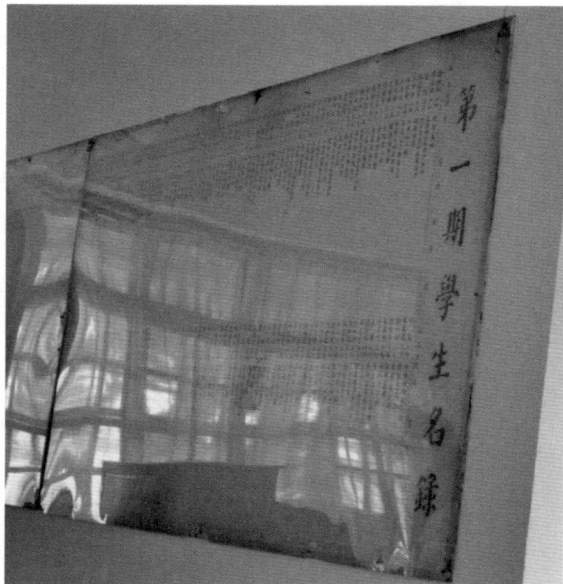

牺牲。继续先烈生命，发扬黄埔精神。以达
国民革命之目的；以求世界革命之完成。"
礼毕，参加了阅兵仪式。

　　黄埔军校全体国民党员发表《拥护北伐
宣言》："本校特别党部万余武装党员，均
已磨刃拭戈，负枪荷弹以作后盾。义师所
向，敌定披靡，将见武汉会师，燕京直下，
吴贼（佩孚）可得而生擒，则中国之革命可

望成功矣。"当晚，血花剧社举行盛大的演出慰问北伐将士。

　　黄埔军校的将士，唱着校歌，向着北方出发了：

怒潮澎湃，党旗飞舞，

这是革命的黄埔！

主义须贯彻，纪律莫放松，

预备做奋斗的先锋！

打条血路，引导被压迫民族！

· 北伐誓师

· 刊登在报纸上的《北伐宣言》

8月31日，革命军兵临黄鹤楼下。9月初，第四军和第一、七军各一部，对武汉三镇发起总攻。于6日、7日分别占领汉阳、汉口。北军龟缩于武昌，不敢出战。8月25日，蒋介石正式宣布对赣用兵。湖北方面，留下第四军和第八军一个旅，对武昌实行长期封锁。

直到19日，武昌守军开城突围，两军短兵相接，奋力厮杀。北军被逼回城内。10月3日再度突围，又遭挫败。10月9日，城内北军斗志瓦解，开城投降。革命军浩浩荡荡开入城内，青天白日旗遂飘扬于武昌城头。

9月6日，蒋介石先对江西下攻击令。9月10日，革命军第二军鲁涤平占领江西袁州，第二军朱培德占领万载，第六军攻克修水，第七军奉调武昌入江西攻九江。9月12日，蒋介石命右翼军总指挥朱增德全力猛攻南昌。

　　江西之战，前期由朱培德指挥；9月24日以后，蒋介石赴江西前线，亲自指挥。蒋介石在南昌城外，躬蹈矢石，驱兵攻城，甚至一度被传中弹身亡，足见当时战况之惨烈。10月6日，蒋介石下达对北军的总攻击令，苦战至11月初，南浔路被完全廓清。

　　福建方面，9月17日，第一军军长何应钦发表攻闽宣言，前身为黄埔校军的蒋氏嫡系第一军，大举入闽，10月13日在松口大破敌军。10月19日，何应钦在松口就任东路军总

指挥。革命军十荡十决，连克汀州、漳州、泉州、永泰、邵武等地，福建全省，一举平定。这仗打得出乎意料的顺利，蒋介石立即调整了部署，把东路军分成两支，一支由何应钦率领，另一支由白崇禧率领，分别向江浙地区挺进。

1927年2月18日，第一军第一师薛岳所部占领杭州。由福建入浙的东路军，也斩关落锁，连克温州、永康。2月23日，何应钦与白崇禧在杭州会师。3月21日，白崇禧占领上海。3月24日，第六军占领南京。

黄埔军校早期生最为集中的国民革命军

·广州人民举行
集会欢送国民革命军
北伐

第一军第一师、第二师，以及由粤军改编的第三师、第十四师、第二十师、第二十一师、第二十二师均不同程度地参加了北伐战争。由部分黄埔军校旱期生构成初级军官阶层的国民革命军第二军（原湘军谭延闿部），在北伐战事中，亦有所建树。

在北伐战争两湖战场被称誉为"铁军"的国民革命军第四军（军长李济深留守广州，副军长陈可钰随军参战），该军第十二师（师长张发奎）第三十五团（团长缪培南）、第三十六团（团长黄琪翔）以及独立团（团长叶挺），在汀泗桥、贺胜桥战斗

· 北伐军与民众联欢

中，发挥了黄埔精神，创造了黄埔军人骁勇善战的光辉战绩，谱写了黄埔军校生传颂一时的动人故事。

国民革命军第六军（军长先后为程潜、杨杰），该军初级军官也有一部分黄埔军校早期生，在江西战场立下战功。

国民革命军第七军中的中央军事政治学校第一分校学生，参加北伐战争中湖南、湖北、河南、安徽等省一些著名战役。

国民革命军第八军（军长唐生智）是以三湘子弟为主的子弟兵，有一部分中央军事政治学校第三分校（长沙分校）学生，参加了两湖战场的一些著名战役。

黄埔军人的忠烈魂

　　在抗日战争中，黄埔军人为捍卫国家领土与民族尊严，抛头颅，洒热血，前赴后继，对日本侵略者进行了殊死抵抗。

1932年1月，日本侵略军为了转移国际视线，配合伪满洲国的成立，在上海挑起了一场武装冲突。1月27日，日军海军陆战队分乘四辆铁甲车，由北四川路缓缓开出，驶入天通庵车站，然后由此向天通庵路、同济路推进。当时驻防在淞沪线上的第十九路军奋起抵抗，爆发了震惊世界的"一·二八"淞沪抗日战争。

以部分黄埔军校前六期生为师、旅、团

级主官的国民革命军陆军第五军，也参加了淞沪抗战。这支部队主要是以中央陆军军官学校教导总队所辖的陆军第八十七师和八十八师为应战而组建的，军长由著名的爱国将领张治中担任，其中师长、旅长等主要军官基本上为第一期生，第二至五期生依次为旅、团、营、连长。此外还有部分在第十九路军服务的黄埔军校生，也随部参加了淞沪抗战。

十九路军和第五军在上海一直坚守到3月1日才撤出战场。在"一·二八"淞沪抗战中，十九路军阵亡将士多达2400多人；第五军中计官长（排长以上军官）阵亡83名，受伤242名，失踪26名；士兵阵亡1533名，受伤2897名，失踪599名；合计5380名。战斗之惨烈，牺牲之巨大，从短时期单个战斗来说，也是少有的。第一期生将校，在这次著名战役所发挥的重要作用和影响也是有目共睹的，"一·二八"淞沪抗日战争的英雄业绩

也因此而永载史册。

在广州先烈路上，有一座十九路军坟园，里面耸立着一尊士兵塑像：一名肩托步枪，背系斗笠，打着绑腿的士兵铜像，雄姿英发，守立在纪功坊前——这就是在淞沪抗战中牺牲的无名英雄像。它不仅仅是为了纪念十九路军的牺牲将士，也为了纪念第五军的牺牲将士，包括所有为国捐躯的黄埔忠烈将士。

坟园的建筑，由建筑师杨锡宗设计。墓园中央耸立着高约二十米，用花岗岩砌成的圆柱形纪功坊，坟园内的"抗日阵亡将士题名碑"上，只刻着1951个名字，那些查不到名字的牺牲者，就成了可歌可泣的无名英雄了。

春风秋月，岁月无痕，但英雄永远不死，无名英雄铜像象征着不屈不挠的民族精神，傲立于天地之间。铜像前卧伏着四只铜狮，拱栏基上摆放着八个铜鼎。墓地里整齐

地排列着一副副水泥棺，让亲临现场的人，无不深感震撼。

当年的士兵铜像、铜狮和铜鼎，在日军侵占广州期间，都被拆毁殆尽，不知所踪了，现在所见是1991年由广州市政府根据历史资料，按原貌重铸的。

黄埔精神，历久弥新

　　黄埔师生秉承孙中山教导，谨记献身报国责任，使黄埔精神代代相传、生生不息，谱写了中华史册上世代留芳的壮丽诗篇。

从1980年代中期开始，黄埔军校在过往历史的风采与轶事，逐渐为世人所了解和认识。黄埔军校作为现代中国著名军校，以其称誉世界、长存中国之军事魅力，引发了广大读者与热心史事者的无尽话题。

何谓"黄埔精神"，就是以黄埔军校师生在黄埔建校、建军和投身革命战争过程中，弘扬爱国爱民、团结合作、勇敢无畏精神为主要特征。"黄埔精神"不仅为黄埔军人所认同，还成为革命军人克敌制胜的精神力量，黄埔军校因"黄埔精神"发扬光大而

闻名天下、传播四海，是那个时代的"民族精神"。时至今日，"黄埔精神"仍是振兴中华和民族复兴的精神力量。这就是"黄埔精神"历久弥新的缘由所在。

"黄埔精神"以其特有魅力，形成现代中国一代军事精英群体。大革命时期的黄埔军校，集中体现了这一中华民族军事精英群体之精神历程，由孙中山倡导的北伐国民革命运动和中国共产党早期领导人在广东的革命实践，共同开启了现代中国最具革命意义的军事教育与政治训练相结合的有益尝试，对于国共两党建军理论和治军路线的确立，均有过不同程度的影响与作用。

通常冠以"革命"的英雄主义，在今天的世界上仍旧具有意义深远的含义。"英雄"这两个字，在世界各个角落都是大写的，英雄往往与民族精神的传承紧密相连。没有自己值得崇敬的英雄的军队，是一支缺乏士气的军队，是不可能打胜仗的军队。没

有革命意义上的英雄主义、民族尚武主义精神的军队，是一支没有灵魂的军队！一支军队尚且如此，一个国家更是如此。

尽管在历史上对"英雄"的解释各有不同，尽管并非每个前六期生都是"英雄"抑或"精英"化身，但"英雄"作为群体，蕴含着为民族、为正义、为了真理而奋斗献身，则是毋庸置疑的。只要是为了中华民族和社会进步，为了国家和真理而牺牲的，我们都将他们奉为"时代英雄群体"，我们都会缅怀和纪念他们！

对于在1920年代国民革命和中华民族伟大的抗日战争中，在中国共产党民族统一战线旗帜和国共合作基础上取得的成功经验，以及由全民族各阶层广泛参与的民族解放战争，我们都要认真地加以总结和颂扬。以黄埔军校历期生为代表的"黄埔精神"，正是属于那个时代"民族精神"的具体表现，是推动中华民族与社会进步的"英雄群体"。

1920年代初中期的社会形态显示，中国国民党改组与中国共产党的成立相距仅为三年，两者引发的时代背景和历史契机几乎是大同小异，代表了当时社会多种政治力量联盟的中国国民党，自1924年改组后其党员主体为知识分子，知识分子当中又主要为青年学生。青年学生历来被认为是最革命和最能奋斗的社会群体，将此援引至黄埔军校前六期生的构成，亦是大同小异。前六期生成为国共两党竞相争夺的军事人才，也是情理之中和势所必然。

如同前人所概括："人物是历史的链条。"黄埔军校的历史，同样是由每期学员的不俗表现构成波澜壮阔的黄埔军校发展史。生存于时代空间的每一个个体，也如同历史长河的每一滴水。每一黄埔学生，汇集到现代军事历史之大江大河之中，不过是微不足道的一滴水；然而，正是由无数这样的一滴水，汇流而成汹涌澎湃、气壮山河的北

伐抗战铁流。水可冲破一切阻力，水可扬清荡浊，水可承载舰船勇往直前。

我们每个人，其实都是历史长河的一滴水，这滴水只有汇集到历史的长河中，才能有所作为。水可以蒸发为雾，升腾为云，飞降为雨，飘洒为雪，凝固为冰，冰雪消融，复归原本历史的状态，又是江河中之一滴水。水的每一种状态，都具至善之性，水无论处于何种状态，都有其精彩。如兵法中所言：水无常形，兵无常势。曾经承载与牵引现代军事历史链条的黄埔名人，也犹如"历史长河一滴水"，这是我们史学研究所求，愿景所至，也是黄埔军校演进历程之真实写照。

黄埔军校无疑是中华民族现代军事（军校）的历史人文瑰宝，是国共两党第一次合作时期政治、军事发展的共同财富和发源地。从黄埔军校走出来的国共两党"军事精英"及其武装力量，在国民革命、北伐战争、抗日战争的艰苦岁月中形成一个命运共同体，因此，源自黄埔军校的军事、政治、社会。人文文化，同时也是海峡两岸的连接纽带和桥梁。

作为中华民族文明文化传承的一部分，在海峡东岸的宝岛台湾，黄埔军校存史档案资料何尝不是海峡两岸的共同财富？黄埔军校研究涉及国共合作、军事发展、社会政治生活以及众多著名历史人物，可说是一部浓缩的20世纪中国革命史，黄埔军校研究同时极具中华民族现代军事历史的底蕴。

"黄埔精神"与"黄埔军校热"，植根于中华民族现代军事史的发展过程之中，立足于现代中国传统军事学术理论，蕴含着厚重的中华民族军事文化遗产。民间记忆

着许许多多关于"黄埔军校历史与人物"的传说与故事，可见"黄埔军校"有其独特魅力和渊远历史，自然也有着深厚的军事学术与文化底蕴。因此说，具有"黄埔军校学"文化话语氛围的人群形成了经久不衰的"黄埔军校热"，是毫不夸张的。此外，"黄埔军校学"，还是现代中国军事学术史及军事教育史的一门"显学"，在现代军事学术研究方面，随着时光的推移，受到越来越多的关注与重视，这是显而易见的。

广东是1920年代孙中山倡导发起的国民革命运动策源地，广州亦是黄埔军校创始、兴盛以及国共两党军事人才茁壮成长的根据地。

　　黄埔军校大部分建筑物于1938年被日军飞机炸毁。1965年，广州市对其做了一次较大修缮，基本恢复原貌。1984年，建立黄埔军校旧址纪念馆。1996年，广州市政府按"原位、原尺度、原面貌"原则进行了重建，6月16日奠基，11月12日落成，面积1.06万平方米，耗资2000余万元，复原了孙中山、廖仲恺、周恩来及教授、教练、管理、军需、军医各部的办

公室，课室，师生的饭堂，寝室，等等。

　　1995年，黄埔军校旧址纪念馆被评为广州市爱国主义教育基地之一。2000年，又被评为广东省首批爱国主义教育基地之一。现有军校正门、校本部、孙总理纪念碑、中山故居、俱乐部、游泳池、东征烈士墓、北伐纪念碑、济深公园、教思亭等十几处建筑。

　　1984年6月16日，经中共中央批准，成立黄埔军校同学会。这是由黄埔军校同学组成的爱国群众团体，其宗旨是：发扬黄埔精神，联络同学感情，促进祖国统一，致力振

兴中华。黄埔军校同学会自成立以来，发挥
桥梁和纽带作用，团结海内外广大黄埔同学
发扬爱国革命的黄埔精神，为祖国的繁荣富
强，为海峡两岸之间的交流、往来，做了大
量有益的工作。黄埔军校同学会的会长寄语
海内外全体黄埔同学：

　　黄埔军校创办于1924年。当年，孙中山先
生在中国共产党和苏联的帮助下，在广州黄
埔长洲岛创办了陆军军官学校，故通称黄埔
军校。军校创办以来，培养了数以万计的军

事和政治人才，被誉为中国将帅的摇篮。岁月匆匆，风雨沧桑，八十多年来，海内外广大黄埔师生秉承中山先生的教导，谨记献身报国之责任，使黄埔精神代代相传、生生不息，谱写了中华史册上世代留芳的壮丽诗篇。